SERMON

PRONONCÉ

Par M. l'Abbé TH....... Curé de.......

Le 1ᵉʳ Mai 1866

AU MONASTÈRE DE LA VISITATION DE TROYES

À L'OCCASION

DE LA PROFESSION DE Mˡˡᵉ MONGIN

En Religion Sœur MARIE-AIMÉE

BAR-SUR-AUBE

IMPRIMERIE ET LITHOGRAPHIE DE Mᵐᵉ JARDEAUX-RAY

1866

SERMON

POUR LA

PROFESSION DE SŒUR MARIE-AIMÉE

Ubi est victima holocausti ? (GENÈSE,
ch. 22, v̇ 7.)
Où est l'hostie du sacrifice ?

MONSEIGNEUR (1),
MA SOEUR,

Devant cet autel arrosé tous les jours par le sang de l'adorable victime du calvaire, s'accomplit périodiquement à l'honneur de Dieu, un sacrifice d'un caractère différent. De saintes âmes pressées par le divin amour viennent dans ces lieux s'offrir en holocaustes et s'immoler mystiquement par un triple vœu qui les enlève à elles-mêmes et au monde et qui les consacre exclusivement au service du Seigneur.

A cette heure même ne voyons-nous pas sous nos yeux tous les apprêts d'un tel sacrifice ? Le Pontife est à l'autel, les esprits sont tendus, les yeux fixés, l'attente est universelle, l'émotion générale ; une famille entière plus émue cherche, je ne dirai pas avec anxiété, mais avec attendrissement, un objet qui lui est cher et qui sera sans doute l'hostie vivante du sacrifice.

Chère sœur, dites-moi, quelle est-elle, cette hostie ? *Ubi est victima holocausti ?* Vous me répondez doucement, *ego sum*, c'est moi-même..... Oh ! c'est vous-même, enfant de notre fa-

---

(1) Mgr Ravinet présidait la cérémonie de la profession et célébrait le 5e anniversaire de sa consécration épiscopale au monastère de la Visitation dont il est le supérieur.

mille spirituelle ! Vous-même que nous aimons d'un amour de pasteur et de père, vous-même autrefois la consolation, la joie, l'honneur de notre ministère !! *Ubi est victima holocausti?* Où est-elle la victime du sacrifice qui se prépare? C'est vous l'enfant de notre prédilection, notre véritable Isaac, vous le type achevé des enfants de Marie, le modèle de nos jeunes congréganistes.

Je vais donc, à la suite de notre vénéré et bien cher Pontife, monter à la colline du sacrifice, vous y accompagner, vous y offrir, puisque je suis convié à cet insigne honneur..... Que dis-je vous y offrir ?.. Nous serons plusieurs victimes ensemble, vous, cette compagne de profession (1), votre bonne et pieuse mère, votre douce et vertueuse sœur, vos excellents parents, vos amis, nous serons tous victimes, puisque c'est pour nous tous une heure de séparation sensible et éternelle..... Néanmoins ne craignez pas, chère sœur, ne craignez pas, nous la comprenons cette séparation, elle est douloureuse pour nos cœurs, mais elle est sainte, elle est sublime, elle est un hommage à la su- suprême Majesté : aussi nous nous efforcerons sinon de nous placer à votre hauteur quant au courage et à la générosité, au moins de vous suivre d'assez près ; nous partagerons les nobles élans de votre âme, et, pour vous en donner une première preuve, au nom de tous ceux qui vous aiment, je viens vous entretenir du bonheur de la sainte carrière que vous embrassez.

Non, chère sœur, je ne me contenterai pas de m'extasier silencieusement devant l'héroïsme de votre sacrifice, et de donner à votre immolation une admiration muette et stérile ; mais avec l'agrément du saint prélat qui préside cette cérémonie, de votre très vénérable Supérieure, du pieux aumônier dont la vieille amitié m'honore, avec l'aide du Seigneur et la protection de Marie, votre illustre et très glorieuse patronne, j'applaudirai tout haut aux grandes inspirations de votre cœur,

---

(1) Une jeune personne faisait profession avec Mlle Mongin.

en publiant selon mes forces, ou plutôt en proportion de ma faiblesse, le bonheur de la vie religieuse. Heureux si je puis ajouter ainsi quelque chose à la joie que vous éprouvez aujourd'hui de redire après d'aussi dignes et aussi ferventes compagnes en religion, *Dominus pars hæreditatis meæ,* le Seigneur sera la portion de mon héritage.

C'est donc ici, ma sœur, dans cet asile du silence et de la ferveur que vous avez résolu de consumer votre existence, comme la lampe du sanctuaire s'use devant Jésus-Christ. Dieu vous a dit au fond du cœur, « viens à l'écart, viens loin du monde, quitte ta patrie et ta famille, tu seras, dans la solitude, ma bien-aimée et ma chaste épouse : » et vous avez obéi docilement à la voix céleste qui vous appelait vers une vie de perfection. Heureuse docilité, chère sœur !... Nous vous en félicitons bien sincèrement, car, nous vous le dirons avec la conviction la plus profonde, dans le partage des vocations vous avez choisi la portion la meilleure, *optimam partem elegisti.*

En effet l'état religieux auquel vous vous consacrez, présente deux aspects divers, *la séparation totale du monde et l'union plus étroite avec Dieu ;* or, sous l'un et l'autre rapport, il offre des avantages incomparables, il est une garantie sans égale de félicité.

PREMIÈRE PARTIE.

Elle est déjà dressée devant vous l'éternelle muraille qui vous sépare de la société humaine. Cette clôture qui s'élève entre vous et vos compagnes, et l'assemblée du dehors, signifie qu'au milieu même d'une grande cité, vous vivrez désormais dans la solitude, n'ayant presque jamais ni rapport, ni commerce, ni conversation avec le monde ; ne recevant que de rares visites toujours commandées par la nécessité, ou imposées par l'obligation rigoureuse de pratiquer une vertu, soit la piété filiale, soit la charité évangélique.

Vous vous éloignez donc matériellement du monde, mais vous rompez plus encore avec son esprit, ses maximes, ses convoitises et ses œuvres. — Trois grandes idoles se partagent l'encens et les adorations du siècle : l'or, le sensualisme et l'indépendance. O autels de mon Dieu, vous restez déserts, vous n'êtes environnés que d'un petit cercle d'adorateurs, je ne m'en étonne pas : les foules enfuies bien loin sont agenouillées devant la triple divinité de la fortune, de la volupté et de la liberté fausse ! Or, vous, ma sœur, sollicitée par l'attrait de la grâce, vous vous êtes dégagée héroïquement de cette multitude sacrilége, et, non contente, comme une âme vulgairement chrétienne, d'éviter le désordre dans l'usage, de ne pas souiller votre vie par un amour excessif des biens et des plaisirs de la terre, par le culte idolâtrique des sens, vous avez voulu pousser le renoncement jusqu'à l'absolu, le sacrifice jusqu'à sa dernière limite ; vous avez pris le parti de ne plus rien posséder dans ce monde, pas même votre personne, ni votre corps, ni votre cœur, ni votre volonté. Sous les impressions d'abnégation complète que le ciel vous a inspirées et que vous avez si bien accueillies, vous allez vous attacher à Jésus-Christ par la triple chaîne de la pauvreté, de la chasteté et de l'obéissance.

Ah ! oui, c'est de la magnanimité..... Personne n'osera jamais contester la grandeur d'âme que renferme un tel acte. Nous nous inclinons, il est vrai, devant la généreuse vaillance du soldat de Jésus-Christ, qui, aux jours des persécutions, s'élance dans l'arène et donne, avec des flots de sang, sa vie pour sa foi. Gloire au martyr !!! La nature s'étonne devant son courage : cet athlète ravit notre admiration, nous enthousiasme..... Mourir pour son Dieu, c'est, Jésus-Christ l'a dit, lui donner le plus grand témoignage possible d'amour. Ah ! permettez, Seigneur, permettez une interprétation de votre auguste parole. De quelle mort avez-vous affirmé qu'elle fût la plus sublime preuve d'amour ? Il y a deux manières de donner sa vie pour vous : sur un bûcher et dans un cloître ; sous la dent des lions et sous les grilles d'un monastère ; par l'effusion instantanée de son sang et par la longue immolation des vœux monastiques.

O saints religieux, oui, vous portez à la main la palme d'un véritable martyre..... Votre vie est une longue mort soufferte pour mon Sauveur..... Oui, vous mourez tous les jours pour Jésus-Christ, vous vous crucifiez pour Jésus-Christ, et par cette mort quotidienne à vous-mêmes et aux créatures, vous laissez bien loin derrière vous la nature humaine et vous vous élancez dans des régions qu'on appelle *le sublime*..... C'est de l'héroïsme élevé à la plus haute puissance.

Néanmoins, mes sœurs, n'allons pas transformer chaque habitant d'un cloître en une âme *uniquement* exaltée par le sentiment ; poussée, pressée par l'amour quasi aveugle qui se donne, qui se jette à l'objet aimé, sans rien calculer..... Non, au contraire, la profession religieuse, en tant qu'elle impose la séparation du monde, est un excellent calcul de la froide raison éclairée du flambeau de la foi, car quelles conséquences heureuses n'emporte-t-elle pas après elle !

Oh ! quitter le monde avec ce qu'on appelle ses biens et ses joies, c'est tout simplement briser avec la principale source des ennuis, des déceptions, des remords, des tentations. Il est vrai, dans le siècle les apparences sont magnifiques ; on croirait que c'est un jardin de délices, qu'on n'y cueille que les fleurs les plus fraîches de la joie et de la félicité. A première vue le bonheur accompagne très certainement les richesses, les dignités humaines, les fêtes splendides du monde. Prenons garde néanmoins. *Nimio ne crede colori,* a dit le poète, ne vous fiez pas trop à ce vernis extérieur : car en réalité, sous une surface richement coloriée qu'il y a de peines et de soucis !!

Que le grand Massillon était éloquemment vrai, ma sœur, quand prêchant à l'occasion d'une cérémonie analogue à celle-ci, il s'écriait devant sa jeune professe, « Oh! qu'est-ce que ce monde misérable dont la divine miséricorde va vous séparer à jamais? C'est une région de ténèbres, une voie toute semée d'écueils et de précipices; c'est le lieu des tourments et des tristes inquiétudes. » Et puis, après avoir développé ce thème avec son immense talent, il se résumait ainsi : « Oui, voilà le monde, le voilà dans toute sa sincérité. C'est une terre dont on vante les fruits et la beauté et où il semble que coulent le lait et le miel ; mais c'est une terre qui dévore ses habitants par les passions infinies qui l'agitent et où les plus grands plaisirs sont toujours la source des inquiétudes les plus dévorantes. Voyez si vous le trouvez digne d'être regretté ; si, sur le point de l'abandonner, vous verserez sur lui des larmes de joie ou de tristesse ; voyez si cette grande action que vous allez faire et que le monde appelle un sacrifice héroïque, un renoncement généreux, n'est pas au fond une sage préférence de la paix au trouble, de la joie aux chagrins cuisants, de la liberté à la servitude, d'une douce et sainte société à l'ennui, à la fausseté et à la perfidie des sociétés mondaines ? »

Qu'on a bien raison, mes sœurs, de comparer le monde à une mer orageuse sur laquelle les passagers sont battus par mille tempêtes ! Au milieu de cet Océan toujours houleux nous avons à essuyer les orages de nos propres passions et des passions d'autrui, les terribles secousses de l'ingratitude, de la jalousie, de la médisance, de la calomnie, de la perfide trahison. O colombes sacrées, réfugiées dans cette arche du Seigneur, que vous êtes heureuses, ainsi à l'abri des furieuses tempêtes du siècle !

Sans doute vous rencontrez ici-même quelques épreuves, et nous sortirions du vrai si nous transformions votre vie en un état d'indolence et de sommeil perpétuel..... Vous avez à subir des épreuves, les unes inséparables de toutes conditions, les autres particulières à la vie religieuse. Le ciel souffre violence partout et toujours, *violenti rapiunt illud,* mais quelle différence entre une situation et l'autre ! Aujourd'hui comme au temps du grand saint Bernard, nous pouvons définir l'état religieux, *abdicatio sollicitudinum hujus sæculi,* la fuite des soucis du siècle, *iter ad Deum sinè impedimento,* le chemin facile et dégagé d'embarras, qui conduit à Dieu.

Permettez-moi, ma sœur, de vous signaler encore un immense avantage que vous avez déjà apprécié et qui a dû même peser singulièrement sur vos résolutions pour les incliner vers la vie si douce, si pure des chastes filles de Ste Chantal. — Vous vous séparez du monde, vous vous enfoncez dans une sorte de solitude indiquée assez énergiquement par cette infranchissable clôture. Mais, ô réserve prudente ! ô restriction admirable de sagesse !! Vous conservez encore un contact quotidien avec une portion de la société humaine. Vous vivrez en commun avec vos dignes compagnes et une brillante jeunesse..... Cela veut dire que vous avez ambitionné d'ajouter au riche diadème de vertus qui couronnera votre front, le brillant fleuron de la charité et du dévouement. Non, vous n'êtes pas envoyée aujourd'hui dans les profondeurs d'un désert pour y pratiquer isolément l'austère et rigide pénitence des anachorètes, mais vous êtes fixée par vos vœux au sein d'une société d'élite, parmi les saintes filles du bienheureux François de Sales, dans la compagnie de jeunes chrétiennes à élever.

Je ne puis m'empêcher de me rappeler à ce sujet un passage de saint Grégoire, pape qui, expliquant aux fidèles pourquoi Jésus-Christ avait envoyé ses apôtres deux à deux pour évangéliser le monde, s'écriait : Ah ! ce fut afin qu'ils pratiquassent toujours, au milieu de leur apostolat, l'indispensable vertu de la charité fraternelle. Deux amours doivent marcher simultanément, l'amour de Dieu et l'amour du prochain. Donc vous aussi, ma sœur, vous serez posée dans cette sainte maison de manière à pratiquer toujours, toujours la grande, l'indispensable vertu de charité, à faire marcher de front dans votre cœur l'amour de Dieu et l'amour du prochain. De la société, vous ne retirerez que les avantages sans en recueillir les funestes fruits : comme l'abeille, vous ne prendrez de la fleur que le miel et vous laisserez de côté le mortel poison.

Quel bonheur que cette vie commune du monastère !!! Echange perpétuel d'amitiés pures, d'édification, de pieuses paroles, de conseils et d'encouragements !!! Abnégation incessante de soi-même au profit de la famille entière !! « Ici, dit saint Jean Chrysostôme, il y a communauté de plaisir, de bonheur et de délices, ici mêmes désirs, mêmes espérances, tout est tellement ordonné avec poids et mesure, qu'il n'y a pas la moindre inégalité dans les partages : ordre souverain, règles et convenances, soin infini pour sauvegarder la concorde, source intarissable de joie, voilà la vie claustrale. » Au lieu d'une mère, d'une fille, d'une sœur qu'on quitte (séparation pénible à la nature), on rencontre en dédommagement cent cœurs remplis d'une charité ou fraternelle, ou maternelle, ou filiale, dit le célèbre Cassien.

Aussi entendez-vous aux jours des solennités, les murs du monastère retentir du cantique sacré du Psalmiste, *Ecce quàm bonum et quàm jucundum habitare fratres in unum*, bonheur suprême, délices inénarrables d'habiter ensemble comme des frères, comme des sœurs ! *Ecce,* etc.

DEUXIÈME PARTIE.

Saint Augustin, qui savait si bien tous les secrets du cœur humain, nous dit que ce cœur est voué à une perpétuelle agitation, à un trouble sans remède, jusqu'à ce qu'il se repose en Dieu, son auteur et sa fin. Sur la terre comme au ciel, c'est l'union de l'âme avec Dieu qui constitue le vrai bonheur de la vie. Plus nous vivrons unis à Dieu, plus nous serons heureux.

D'après cette vérité d'expérience, que vous avez été sage, ma chère sœur, de venir chercher dans cette maison bénie l'union plus étroite de votre âme avec le Seigneur ! Le lys virginal que vous portez à la main et qui gardera sa blancheur de neige jusqu'à votre dernier soupir, signifie qu'épouse de Jésus-Christ, chaste et immaculée, vous avez résolu de vous soustraire à cette division intestine dont parle l'Apôtre, et qui tronque le cœur quand on est engagé dans d'autres liens que ceux de la virginité, *qui cum uxore est, divisus est*. Votre vœu unique est d'être intimement unie au céleste époux par la pensée, l'affection et la sainteté des actes. Oh ! ma sœur, que votre sublime projet, voie véritable du bonheur, sera puissamment favorisé par votre retraite à l'ombre de ces silencieuses murailles du cloître !!!

Tout absolument dans cette maison rappelle la pensée de Dieu. De toutes parts sont appendues des maximes pieuses, la croix adorable du Sauveur, les images des plus grands serviteurs du Souverain Maître, l'image du bienheureux François de Sales, votre illustre père et protecteur, l'image de la très-sainte fondatrice de l'Ordre, la figure si radieuse du plus pur mysticisme de sainte Marie-Marguerite, gloire de la Congrégation. Partout, dans vos cellules, dans vos salles de repas et de repos, les objets se pressent et accourent sous vos yeux pour toucher dévotieusement votre cœur.

Comment fuir ici le souvenir de Dieu ? Il touche, il frappe partout et sans cesse.

Votre sainte règle n'est que l'agencement d'actes successifs qui vous rappellent à Dieu pour vous y unir par la pensée et les œuvres. Avant l'aube du jour, quand les profanes sont encore plongés dans les douceurs d'un repos plein de mollesse, l'airain sacré vous appelle, c'est la voix même du divin époux :

« *Surge amica mea et veni*, debout, ma douce et chaste amie ; lève-toi et viens, viens au suave exercice de l'oraison ; viens à ces colloques si ravissants d'intimité et d'amour sacré. Créons une solitude nouvelle dans la solitude elle-même, *ducam eam in solitudinem et loquar ad cor ejus*... Plongeons plus avant dans le silence intime, dans le recueillement, dans une profondeur inaccessible à la créature. »

La prière, ô saintes épouses de Jésus-Christ, c'est là votre délice de chaque jour. Vous la pratiquez tantôt comme méditations et contemplations tout intérieures, tantôt avec des formules articulées par les lèvres, souvent avec l'enthousiasme du chant choral et la solennité du cantique public. Délicieuse ardeur de l'âme qui parle amoureusement à son Dieu ! Saintes flammes perpétuellement alimentées par la parole divine, par la puissance des exemples, par la direction des pères spirituels ! Oh ! le roi prophète avait goûté tout le bonheur de la fervente prière, quand il chantait à Dieu cette belle hymne : « Un seul jour passé dans vos parvis, Seigneur, vaut mieux que mille sous la tente des pécheurs. » Non, ma sœur, rien sur la terre n'est comparable en joies à cette chaste union de l'âme avec Jésus-Christ aux pieds des saints autels, dans l'exercice de l'oraison. Souvent exaltée par cette pure ivresse que verse dans l'âme la présence vivement sentie de Jésus-Christ, vous vous écrierez à votre tour : *Vos autels, vos autels, Seigneur Dieu des vertus*, vos autels pour y épancher son cœur dans la prière, vos autels surtout pour y puiser la vie de l'âme par la manducation du pain angélique !

Un grand mystère s'accomplit tous les jours devant ces tabernacles : Nous le connaissons depuis longtemps, et plus nous le méditons, plus il jette nos esprits dans la stupéfaction. Ecoutons Jésus-Christ : « *Ma chair est vraiment une nourriture et mon sang un breuvage. Si quelqu'un mange ma chair et boit mon sang, il demeure en moi et moi je demeure en lui.* » O Eucharistie ! ô Eucharistie !! Abîme profond, abîme d'amour dans lequel se plonge toute âme chrétienne pour s'unir étroitement à son Dieu. Oh ! quand, dans les embarras et les ennuis du monde, nous gens du siècle, nous voulons retremper vigoureusement notre âme ; quand, fatigués de bagatelles, de frivolités, de dissipations, de déceptions, nous avons besoin de retrouver le repos dans la possession réelle de notre Dieu, dans l'union avec notre Dieu, nous accourons à la voix du divin pasteur, nous venons à sa table, nous entendons le mystère, *hoc est corpus meum accipite et manducate*, voici mon corps, prenez et mangez ; *hic est sanguis meus*, voici mon sang, buvez-en tous. Bientôt, ô prodige ! nous sentons la main du prêtre poser sur nos lèvres l'hostie divine du Calvaire, nous sentons couler dans nos veines son sang adorable : c'est un délicieux rafraîchissement pour nos cœurs haletants, épuisés dans cette vallée de larmes ; alors nous sommes délassés, fortifiés, réjouis. Bonheur immense, bonheur trop rare dans le monde, en raison des sollicitudes infinies de la vie séculière !... Mais vous, chère sœur, perpétuellement assise au bord du fleuve de vie, vous y puiserez à loisir la vigueur de votre âme. L'Eucharistie sera ici votre pain quotidien : vous mouillerez chaque jour vos lèvres au calice de la bénédiction.

Unie ainsi à votre Dieu par la pratique incessante de la sainte présence, par l'exercice continuel de la prière, par la manducation journalière du pain des forts, qu'aurez-vous à souhaiter au delà, pour la paix et la félicité de votre vie ? Qu'envierez-vous au ciel ? Saint Jean Chrysostôme l'a fort bien dit : « Ce que les anges font au ciel, les religieux le font pareillement sur la terre, *quod faciunt angeli in cœlis, hoc monachi faciunt in terris*. Le cloître c'est le ciel en raccourci, ce sont les mêmes actes, les mêmes délices, la même union avec Dieu : comme les tribus angéliques, ô chœurs des vierges, vous louez Dieu, vous l'aimez, vous le voyez, vous le possédez. « Saint état de la vie monastique, s'écrie le pieux auteur de l'*Imitation*, tu fais de l'homme l'égal des anges! »

O bienheureux Laurent Justinien, je vous comprends lorsqu'exaltant avec une sublime éloquence l'obéissance, ou plutôt toute la vie monacale, vous vous écriez : « Non, personne ne saurait dire de combien de joies est inondé, de quelle paix est rempli, quelles délices spirituelles recueille dans son cœur, quelles divines splendeurs fait rayonner autour de son front, l'homme qui, après mûres délibérations, et sous la céleste impulsion de la grâce, abandonne le siècle, s'enferme dans le cloître et y combat les combats de son Dieu !! »

Ma sœur, j'arrive vis-à-vis de vous au terme de ma mission. J'étais chargé, à l'instant solennel de votre consécration, de vous annoncer les divins enseignements de la Religion, touchant la nature du sacrifice que vous allez consommer. Hélas !! j'ai été bien présomptueux d'avoir accepté de parler de choses si sublimes. Ma mission, je l'ai bien faiblement remplie ; j'en suis confus, surtout lorsque j'entends le divin Augustin se récuser en pareille matière, et déclarer son impuissance *à louer dignement la vie, l'ordre, l'institution de l'état religieux, hanc vitam, hunc ordinem, hoc institutum religiosorum si laudare velim, neque digné valeo.* Qu'ai-je fait, moi, grand Dieu !! *Puer ego sum*, je ne suis qu'un enfant au début dans la prédication d'un tel sujet. *Nescio loqui*, je puis à peine balbutier !

Ah ! chère sœur, vous expliquez-vous d'une certaine manière ma témérité présente? Le cœur est aveugle. Egaré sûrement par mon affection de pasteur, je me suis laissé ainsi entraîner à vous adresser ces dernières paroles au seuil du cloître.

J'oserai pourtant encore poursuivre un moment ma course hardie et vous dire, à vous et à votre compagne : Maintenant que vous êtes plantées ensemble dans le jardin du Seigneur, épanouissez-vous heureusement, fleurs virginales, si fraîches de jeunesse et de vertu, *florete flores*; comme le lys pur, répandez autour de vous la suave odeur de l'innocence et de la ferveur, *quasi lilium et date odorem*; croissez à l'envi, grandissez l'une près de l'autre dans la grâce, *et procedite in gratiam*; que votre vie soit, par ses mystérieuses harmonies, comme le chant matinal de l'oiseau, qu'elle soit une hymne au Seigneur chantée à deux voix, un cantique magnifique à sa louange, *et collaudate canticum*; louez, bénissez Dieu dans toutes ses œuvres, *et benedicite dominum in operibus suis* (1).

Oh! oui, saintes âmes, vous toutes, pieuses filles de l'immortel François de Sales, vous êtes ici pour suppléer au mutisme de tant de bouches qui ne prient plus, qui ne bénissent plus leur divin auteur. A vous d'entonner et de soutenir le cantique de la reconnaissance, d'attirer ainsi sur la terre les pardons, les miséricordes et les grâces du ciel. — Non, ma sœur, mes yeux ne vous contempleront plus agenouillée pieusement devant l'image de Marie, dans notre vieille collégiale, plus fière encore de la piété de nos vierges que de ses gloires antiques; nous ne vous verrons plus parmi cet essaim de jeunes chrétiennes dont vous étiez l'honneur et le modèle, ni aux côtés de votre tendre et si pieuse mère; mais, pour nous consoler, nous nous rappellerons que vos lèvres si pures, si brûlantes du saint amour, murmureront souvent dans ce sanctuaire les noms connus de votre enfance; et nous redouterons moins les adversités, hélas! si communes dans cette triste vie, quand nous songerons que nous avons laissé aux pieds de cet autel une âme d'élite qui sera toujours, sur la terre et dans les cieux, l'ange tutélaire de sa chère famille et de sa chère paroisse.

(1) Ecclis., ch. 39, v 19.

BAR-SUR-AUBE, IMP. Mme JARDEAUX-RAY.